LA
RÉPUBLIQUE

ET LA

MONARCHIE

PAR M. AUGUSTE RAIMON

Ancien Avoué

AUTEUR DE L'OUVRAGE PHILOSOPHIQUE INTITULÉ :

DIEU ET L'HOMME

(De la Liberté, des Droits et des Devoirs de chacun)

Prix : **25** centimes

PARIS

AUGUSTE GHIO, ÉDITEUR

PALAIS-ROYAL, GALERIE D'ORLÉANS, 28

1877

LA
RÉPUBLIQUE
ET LA
MONARCHIE

Par M. Auguste Raimon

Ancien Avoué

AUTEUR DE L'OUVRAGE PHILOSOPHIQUE INTITULÉ :

DIEU ET L'HOMME

(De la Liberté, des Droits et des Devoirs de chacun)

Prix : **25 centimes**

PARIS

AUGUSTE GHIO, ÉDITEUR

PALAIS-ROYAL, GALERIE D'ORLÉANS, 23

1877

LA RÉPUBLIQUE ET LA MONARCHIE

On rencontre à toutes les époques, soit après les
mouvements populaires, soit à la suite d'un acte arbitraire ou despotique découlant de la force brutale
ou de l'interprétation d'un droit souvent contes-
table, des hommes qui, pour s'emparer du pouvoir, se
mettent en évidence ; les uns agissent avec un profond désintéressement et mus par des convictions sincères, agissent dans l'intérêt général et dans un but
utile aux masses ; d'autres, au contraire, en exploitant
une situation politique, tentent, par des moyens essentiellement personnels, égoïstes, à satisfaire certains appétits et à acquérir un nom auquel se rattache
trop souvent une triste célébrité : peu importe les
conséquences de l'action qu'ils exécutent, ils se préoc-
cupent peu des influences déplacées, des intérêts com-
promis et des sentiments ou opinions absolument
opposés aux leurs ; ils les bravent et cherchent à les
annihiler, en les ridiculisant sottement ; ils marchent
sans cesse en se dirigeant vers leur objectif, sans s'a-
percevoir de la fausse route qu'ils suivent et dans laquelle ils entraînent ceux qui forment le milieu dans

lequel ils se trouvent et où ils opèrent, ils cherchent par des essais réitérés de tromper le peuple qu'ils croient assez insensé et assez naïf pour accepter sans discussion leurs fausses doctrines pleines d'ironie et d'une duplicité malhonnête.

C'est contre cette classe d'individus, aux allures jésuitiques aussi dangereuses que méprisables, qu'il faut mettre la société en garde, afin qu'elle ne se laisse pas prendre aux grossiers appas qu'on présente incessamment à sa vue et qui ne peuvent être qu'une erreur ou une illusion ; en effet, ils tendent immédiatement à une idée contraire à tout ce qui se rattache à la liberté. Avec ce monde politique, c'est l'extinction du principe républicain et par suite le rétablissement d'une monarchie quelconque à laquelle sont inhérents tous les conflits, les aventures et les cataclismes.

Avant les élections générales, qui se préparent, il est donc nécessaire de chercher à faire comprendre les conséquences graves auxquelles se rattache le bulletin de vote.

Demander le maintien de la République, ou le rétablissement d'un des innombrables principes monarchiques qui existent, c'est, dans un sens, préparer le bonheur et la prospérité, et dans l'autre, c'est favoriser une influence qui tend à arrêter l'essor des intelligences et la marche du progrès ; telles sont les deux idées que nous allons essayer d'esquisser et de caractériser en peu de mots.

Bien que nous soyons gouvernés avec une Constitution républicaine, il n'en est pas moins vrai que nous sommes toujours dans une situation transitoire, et le pouvoir qui dirige les affaires du pays s'appuie sur des institutions qui ne sont que définies, puisqu'elles peuvent toujours être révisées ; son autorité et sa stabilité sont donc précaires, et il perd, par cela même, son prestige et le caractère plein de vivacité qui le rattache à son origine et à sa manière d'être ; il n'a, dans ce cas, qu'une puissance autonome restreinte. Or, le gouvernement désigné sous la dénomination caractéristique d'Etat est le pouvoir sur lequel s'appuie le pays dont il dirige et administre les affaires ; pour qu'il puisse agir librement, dans l'exercice de ses fonctions, il est absolument indispensable qu'il soit constitué définitivement et qu'il soit toujours en dehors des discussions politiques, d'intérêts généraux et d'ambitions personnelles, sans quoi, il y aurait toujours une incertitude alarmante qui exercerait une influence décisive sur ses actes, arrêterait, annihilerait ou dénaturerait le pouvoir immédiat qu'il doit exercer conformément à la loi ; sans ces conditions, c'est le chaos en perspective.

L'Etat, qui est indispensable dans un pays, doit donc toujours, pour être fort, avoir une origine indiscutable et être absolument infaillible et inviolable, non pas dans le sens de la responsabilité qu'implique son mandat, sa destination, mais comme principe primordial et régulièrement constitué ; le principe dont nous parlons ne saurait être, par conséquent, celui qui doit son origine à la force, à la ruse, ou à une sorte d'escamotage, mais seulement celui qui est l'expression sincère et exacte du pays, dont il émane.

Ceci établi, voyons la marche progressive des pouvoirs publics, depuis le jour où ils ont été nécessaires jusqu'à notre époque ; en admettant la création, nous reconnaîtrons facilement qu'il ne pouvait y avoir alors que quelques groupes d'individus, constituant des tribus ou peuplades dont la direction appartenait exclusivement à un seul, qui était ordinairement le père de famille ou le plus ancien de chacune des peuplades ou tribus : c'est là ce que l'on appelle le gouvernement patriarcal.

Plus tard, les agglomérations devenant plus grandes, les intérêts et les besoins plus impérieux, plus distincts et plus multiples, il y eut alors un besoin absolu de confier, à un certain nombre de personnes, le règlement de ces intérêts divers et l'administration des affaires de tous ; c'est l'organisation qui reposait sur des institutions essentiellement démocratiques et républicaines. Puis les rivalités soulevées par des intérêts matériels engendrèrent des contradictions et des contestations ; de là naquirent les luttes et la guerre ; on eut alors besoin, pour soutenir les prétentions diverses, les droits sans cesse contestés, d'organiser et d'entretenir des troupes armées, il fallut des chefs à ces troupes pour diriger leurs mouvements, ces chefs devinrent peu à peu tout-puissants et finirent par absorber les forces militantes et tous les pouvoirs, c'est alors que fut établie l'institution qui eut pour but de réunir et de concentrer sur la tête d'un seul l'autorité qui n'avait été jusque-là que patriarcale ou collective.

L'exposé que nous venons de faire est rigoureusement vrai, dans tous les temps, dès lors les peuples ne peuvent vivre sans un gouvernement qui, en s'appuyant sur des lois justes, dont il surveille la saine application, est destiné à sauvegarder, dans leur ensemble et dans leur intégrité, les droits respectifs des masses.

Mais, pour nous, l'établissement d'un gouvernement est chose difficile ; par suite de la diversité des opinions et des ambitions, dont les unes viennent, sans cesse se heurter contre d'autres qui veulent conserver des avantages acquis par la tradition ; voyons cependant celui dont l'origine, les tendances et l'esprit sont le plus conformes à la loi naturelle et à l'avenir de la France.

Comme nous venons de le voir, plusieurs sortes de gouvernements peuvent être établies dans un pays, suivant les aspirations, les mœurs, les courants politiques, les besoins ou les nécessités des situations qui s'imposent à la société, c'est sur toutes ces conditions qu'il faut méditer, avant de songer à établir, sur des bases solides, l'Etat qui doit être le moteur des diverses influences gouvernementales, tous ces gouvernements peuvent être caractérisés par ces deux mots : République ou Monarchie.

La Royauté, qui réalise l'idée monarchique, est placée, sous l'autorité d'un seul individu ; la République, au contraire, est le gouvernement de la chose publique, où le peuple fait et administre lui-même ses affaires sociales ou politiques, soit directement ou indirectement, soit par des délégués ou mandataires nommés à l'élection.

Quelle est celle de ces deux formes de gouvernement qui est possible, en France, dans les conditions où se trouvent les populations, et de nature à présenter une sécurité complète, au point de vue de l'avenir et de l'ordre matériel ?

La monarchie étant une institution gouvernementale établie au profit d'un seul, il s'en suit qu'au lieu d'être la chose de tous et de représenter avec égalité et impartialité les intérêts généraux et particuliers, devient, fatalement par la force des choses et de son principe primordial, une personnalité dans toute l'acception du mot.

En effet, quelles sont les tendances de la monarchie ?

Si c'est un honnête homme qui gouverne constitutionnellement, il observera scrupuleusement la loi, et rendra, chaque année, un compte général des affaires.

Au contraire, s'il n'est pas constitutionnel, ou si c'est un despote, il n'a pas de devoirs à remplir, et ne doit rendre compte de ses actes qu'à lui-même, ses paroles et sa volonté, quelles que soient leur destination, leur caractère et les conséquences auxquelles elles conduisent, qu'elles aient un but utile ou non, sont acceptées, sans discussion, par la nation dont il est le chef suprême, les personnes qui constituent l'Etat et ceux qui en dépendent, n'agissent pas librement dans l'exercice de leurs fonctions, ce sont simplement des sujets qui exécutent passivement des ordres, ils sont le mécanisme d'un système dont le monarque est le moteur; or, l'homme est absolument faillible, dès lors il est facile de prévoir où peut conduire un pareil état de choses, sans frein, l'excès de tant de puissance doit nécesairement mener, pour satisfaire des appétits de toutes sortes, à l'arbitraire et au despotisme, mais le despote ne raisonne pas, il est sans discernement et sans conscience, et est insensiblement, et même quelquefois involontairement, entraîné à violer les principes sacrés, qui servent de base à l'organisation sociale; avec lui, les lois naturelles ou civiles ne sont pas observées; on arrive alors rapidement à une situation anormale qui devient une exagération, puis une impossibilité, car il ne faut pas perdre de vue, que si, par exemple, vous enlevez la dynamique et éludez la loi civile, vous vous écarterez des règles vraies, vous errerez, vous pourrez bien, par cela même, donner un instant, un développement plus grand, à vos actes, à votre volonté, mais vos conceptions et vos idées seront fausses et l'application utile et certaine en deviendra bientôt impossible.

Ainsi que l'institution monarchique ait une constitution ou qu'elle n'en ait pas, sa puissance ne consistera jamais que dans une petite coterie d'individus qui

chercheront quand même à faire prévaloir leur influence, peu importe, que leurs idées ou conceptions
soient sages, justes ou injustes, elles constituent un
système qui doit recevoir son exécution; ce système,
qui ne fonctionne que d'après les impulsions venant
du souverain, qui en est le moteur réel ou apparent, a
presque toujours une autre puissance qui se dissi-
mule dans l'ombre et qui fait tout agir; par suite, on
comprend combien il était facile à ces pouvoirs oc-
cultes, pendant les générations qui se sont succédé
de siècle en siècle de commettre, sans s'exposer à
aucune représaille, les erreurs et les fautes qui al-
lèrent quelquefois jusqu'au crime, dont la responsabilité incombait à une personne déclarée irresponsable
et considérée comme inviolable.

Dès lors, dans tous les cas, l'institution monarchique devient fatalement une personnalité, le monarque écarte les devoirs qu'il a à remplir et ne
considère que ses droits acquis. Ainsi, son pouvoir étant constitué, d'après son origine et sa cause
première, comme une force susceptible d'agir seulement à son profit exclusif, pour constituer une chose,
comme une propriété héréditaire, transmissible dans
sa famille, il s'en suit que pour défendre cette chose,
le souverain se trouve dans la nécessité, afin de conserver les prérogatives qui sont inhérentes à sa situation pour lutter avec avantage et vaincre les obstacles
de nature à entraver ses projets, de s'entourer de
toutes les personnes qu'il juge utiles à sa cause; il en-
tretient avec elles des relations intimes et constantes,
et forme ainsi une sorte d'association privée, qui a
pour but et pour objectif la conservation de son pouvoir personnel et l'établissement définitif de ses des-
cendants sur son trône.

Cette espèce d'association fonctionne d'une manière

uniforme, périodique et invariable, en suivant, avec une force d'inertie constante, toujours la même ligne, sans considérer, un instant, la tendance des esprits qui préconisent des idées et des principes politiques tout à fait contraires à ceux qu'elle veut établir ou maintenir, et qui ont des significations différentes, elle marche et fonctionne toujours, sans se préoccuper des influences déplacées et des souffrances du peuple qu'elle néglige de soulager.

A l'idée de monarchie se rattache donc immédiatement l'idée de personnalité; or, la personnalité est tout ce qu'il y a de plus partial et de plus égoïste, elle engendre l'ambition, l'orgueil et la cupidité, et est susceptible, pour satisfaire certaines passions, de conduire l'homme à la dépravation, au vice et même quelquefois au crime.

Ainsi, dans tous les cas, la monarchie, pendant qu'elle existe, peut bien offrir une sécurité relative, mais sa puissance, en France, doit être considérée comme très-précaire et son établissement, comme une impossibilité; il en résulte que, renversée, les conséquences auxquelles elle nous entraînerait fatalement, d'après son organisation même qui constitue une propagande systématique, doivent toujours être plus ou moins funestes, et jeter une certaine perturbation, au point de vue des intérêts généraux, privés ou politiques, suivant que les éléments sur lesquels elle s'appuie sont plus ou moins forts ou ont exercé des attractions plus ou moins absorbantes dans le milieu où'ils étaient placés.

Voici, en substance, les principes d'intérêts communs qui se rattachent à l'idée monarchique.

Quoiqu'il en soit, ce genre d'institution est possible, la grande série de dynasties qui ont régné, de siècle en siècle jusqu'à nos jours, en est une preuve incontestable; dans certains pays, remplacer la monarchie par un autre gouvernement serait une chose aussi absurde que de vouloir l'établir en France, mais pour être indiscutable, solidement établie sur sa base et à l'abri des mouvements insurrectionnels, il faut : 1° que son origine ne puisse être contestée ni même mise en cause, que les masses soient dans un profond état de torpeur tel qu'elles ne puissent discerner ou comprendre l'utilité de certaines institutions libérales ; 2° que le peuple n'ait jamais complétement disposé de sa destinée et qu'il n'ait pas joui d'une indépendance absolue ; 3° que le souverain jouisse d'une puissance initiale excessivement vive et étendue, et qu'il ait un prestige assez grand pour primer tous les autres sentiments.

Sans la réalisation de ces trois conditions ou de l'une d'elles au moins, elle sera toujours comme ces êtres éphémères, qui sont fatalement condamnés par les lois de la nature à périr presqu'aussitôt qu'ils ont vu le jour.

Le gouvernement *républicain*, étant celui où le peuple fait et administre lui-même ses affaires, peut être caractérisé par cette expression : le gouvernement *de tous par tous*. Il est donc destiné à favoriser les aspirations quelles qu'elles soient, ses actes ne peuvent avoir aucun caractère personnel, ils généralisent, au contraire, tout ce qui se rattache à l'idée sociale comme aux institutions politiques, il peut être un trait d'union entre toutes les opinions qui nous divisent avec lui les révolutions ne sont pas possibles, parce que le principe sur lequel il s'appuie subsiste toujours sans altération, les changements qui s'opèrent se font sans secousse, et ne peuvent ni troubler le pays, ni amener la perturbation ; ils se bornent simplement au déplacement de quelques individualités ; il n'y a donc à craindre, pour sa stabilité, qu'un coup d'Etat, produit de la force brutale, mais, hélas, la force brutale n'a jamais rien fondé de solide ; il y a une maxime qui est vraie, en tous temps, c'est celle-ci : « celui qui se sert du fer périt par le fer. »

Cette maxime trouve son application dans toutes les situations, aussi bien dans un gouvernement monarchique que dans un gouvernement démocratique, car le despotisme est possible dans l'une comme dans l'autre ; mais, avec la forme républicaine, il ne peut être qu'une exception et naître du trouble jeté dans les esprits par certains mouvements populaires, à la suite desquels la crainte ou l'insouciance éloigne des affaires certaines influences qui abandonnent ainsi leur poste, dont s'emparent des esprits inconscients et exaltés qui, au lieu de songer à rétablir l'ordre, jettent partout autour d'eux l'incertitude et l'épouvante ; la République de Venise et les événements de 1793 nous fournissent une quantité considérable d'exemples qui se traduisaient par des actes arbitraires, par la violation des intérêts privés, de la liberté et de la loi, avec l'esprit qui régnait alors, la vie n'était qu'une tolérance complète ; chacun était implicitement autorisé à braver, soit la nation subjuguée, soit le pouvoir régulièrement constitué ; l'autorité qui doit veiller sans cesse sur la société, et à laquelle sa sécurité est confiée, était méconnue ; de cette désorganisation tout à fait en dehors des règles sur lesquelles repose la civilisation, devait naître une exagération qui conduisit au désordre et au crime ; cependant nous devons dire ici que les égarements de notre première révolution trouvent une justification aux yeux de la postérité, et les taches que 1793 a fait à 1789 doivent être atténuées ; en effet, sans les sacrifices qui ont été consommés, à cette époque sanglante, que serait-il arrivé ? sans leur triste perpétration, il est évident que nous n'aurions pas pu bénéficier entièrement de toutes les belles institutions qui venaient d'être créées, la liberté qui avait été établie et réglementée aurait été étouffée ou dénaturée, et nous aurions été obligés de nous laisser entraîner dans un mouvement rétrograde très-accentué qui réagissait, et de nous soumettre à l'autorité de tous les malheureux qui ont été impitoyablement immolés, pour le triomphe, le succès d'une situation nécessaire ; au lieu du bouleversement qui venait de s'accomplir, et à la suite duquel devait sortir une transformation et une régénération indispensables, ils auraient, de nouveau, précipité la société dans une alternative pleine d'incertitude, sans donner aucune garantie pour l'avenir.

Ainsi, le gouvernement démocratique n'est pas susceptible des fautes et des erreurs qui sont inhérentes à la monarchie ; en un mot il ne doit pas et ne peut pas être un système, dans le sens que nous avons indiqué plus haut, puisqu'il ne fait qu'exécuter, d'une manière aussi large que possible les volontés de la nation, par l'organe de ses mandataires qui sont exactement l'expression de ses sentiments ; avec lui, il est possible d'arriver à l'unification de l'idée politique, car ses adversaires, peuvent toujours, sans scrupule, abandonner une opinion qui a pour but de défendre une individualité, pour en embrasser une autre qui ne peut avoir pour but que de défendre la France, notre patrie.

Au contraire, considérez les formes monarchiques qui varient à l'infini, elles ont été, sont et seront toujours les mêmes, les partisans de l'une d'elles ne peuvent jamais faire aucune concession à ceux quelconques de l'une des autres ; de ce côté il n'est donc pas possible de constituer quelque chose de puissant, puisque l'unité ne peut être faite, et que l'unité, comme l'union, c'est la force.

Ceci établi, si nous examinons attentivement, avec le pouvoir conscient d'un observateur réfléchi, la société, nous verrons que les tendances de la puissance collective des masses, cherchent constamment à s'éloigner de la monarchie, qu'elles considèrent comme une chose absolument incompatible avec l'esprit et les aspirations de la nation.

En effet, quelles seraient les conséquences immédiates d'une organisation semblable; elle présenterait à l'imagination avec des idées étroites, abstraites, des symptômes alarmant et un danger quelconque, au point de vue des institutions libérales, qui constituent des droits acquis et qui sont pour nous tous une protection contre le despotisme ou l'arbitraire.

Il y a deux siècles, le peuple était à peine susceptible d'initiatives et ne savait pas concevoir une idée autre que celle qui venait d'en haut, il n'avait pas le droit de manifester et d'exécuter un acte public ou politique, qui fût absolument indépendant; aujourd'hui, au contraire, il sait dégager ses conceptions de toutes espèces de servilité, les classes inférieures les plus illettrées connaissent l'importance qui se rattache à certains faits, à certains principes libéraux, elles discernent l'utilité de ces faits et de ces principes; dans un ensemble les appréciations dont elles sont susceptibles et les décisions qu'elles prennent ont un caractère de vérité, d'exactitude et une sorte d'infaillibilité, qui n'échappent pas à l'observateur; elles ont toujours une signification qui tend vers un but d'utilité générale, *vox populi, vox Dei* (la voix du peuple, c'est la voix de Dieu).

Ce qu'elles veulent, en substance, c'est empêcher

un mouvement rétrograde quelconque vers un passé plein d'épouvante, et s'éloigner de toutes les influences qui tendent à altérer, à annihiler ou à détruire des droits consacrés par de grandes institutions, une sage organisation, et cimentés par le sang généreux qu'elles ont versé, pendant un demi-siècle, pour leur conservation.

L'argumentation qui précède étant vraie, dans tous les temps, il en résulte que la monarchie est une impossibilité et un danger pour la France, parce qu'en présence de l'opinion généralement admise par la grande majorité du pays, et qui s'accentue franchement chaque jour, elle dirigerait les affaires d'un peuple qui ne marcherait pas avec elle; de là résulteraient des conflits à la suite desquels elle serait bientôt renversée, et nous serions ainsi conduits à une nouvelle catastrophe, qui jetterait autour de nous l'incertitude, et nous précipiterait vers l'inconnu, qui est sombre, fantastique, quelquefois effrayant, et toujours funeste aux affaires. '

En présence d'une semblable situation qu'elle doit être la conduite de l'électeur devant l'urne?

La solution ne peut être douteuse, et si quelques individualités, inconscientes et incapables, en tous cas, de savoir ou de pouvoir sacrifier l'intérêt personnel à l'intérêt général, sont disposées à voter pour une monarchie; d'autres, animées par des convictions sincères et raisonnées, viendront affirmer l'idée contraire, et consacreront ainsi, d'une manière définitive, les institutions libérales et républicaines, seules susceptibles de préparer et de faciliter le développement des facultés intellectuelles, d'améliorer la situation des masses, de donner un très-grand essor aux transactions industrielles et commerciales, et de conduire la France, par une paix sagement ménagée, des règles solidement établies et ayant pour base l'ordre, la vertu et la loi, vers le progrès.

Nous devons donc choisir pour nos candidats à la députation d'abord les 363, qui répondent entièrement à notre programme, puis ceux qui, comme eux, composent cette classe d'hommes aux sentiments désintéressés, nobles et généreux, et qui sont à l'épreuve de toutes les séductions dont les réactionnaires savent faire leur principal argument, assez forts pour supporter sans faillir toutes les épreuves, de quelque nature qu'elles soient, comme les génies de 89 qui, par les dangers auxquels ils étaient incessamment exposés, leurs travaux immenses et multiples, étaient grands comme les titans, et assez indépendants pour qu'aucun antécédent puisse exercer une influence quelconque sur leurs décisions.

A. RAIMON.

Paris. — Imp. Duval, rue d'Arcet, 20.

PARIS, IMPPRIMERIE DUVAL, 26, RUE D'ARCET